un tsunami dans le cœur

daphne arias

Première édition : Octobre 2023

Préface

Chère lectrice,

J'ai écrit ce livre de poèmes et de pensées, à un moment particulier de ma vie où mon cœur a souffert par amour. Je souhaite partager ces paroles avec vous, dans l'espoir que vous trouverez du réconfort et de la compréhension dans ces pages.

Les poèmes et les pensées rassemblés ici sont des fragments de mes émotions les plus profondes, de mes larmes versées et des espoirs qui vibraient encore en moi. A travers ces paroles, je t'invite à t'immerger dans mon monde intérieur, où l'amour s'entrelace avec la souffrance et la renaissance.

Sachez que la douleur que vous ressentez est réelle et légitime. Mais même dans les moments les plus sombres, j'ai découvert une force inattendue qui m'a permis de me relever. J'espère que les poèmes que tu liras pourront réveiller en toi aussi ce feu intérieur, qui te pousse à guérir et à te réapproprier ton bonheur.

Daphne Arias

dédié à tous ceux qui ont des cicatrices sur le cœur

de parfaits inconnus à des amis
d'amis à amants,
jusqu'à ce qu'ils redeviennent
des étrangers.

j'ai compris trop tard
que je n'étais pas amoureuse de toi
mais de l'*idée*
que je m'étais faite de toi.

Je n'ai jamais pardonné
à tes bras
de m'avoir
laissé partir.

tu m'as brisé le cœur
et je ne te déteste pas
je me déteste
car je continue de t'aimer
malgré la douleur
que tu m'as causée.

qui n'a pas su t'apprécier
dans tes pires moments
ne mérite pas de payer
pour tes meilleurs moments.

j'en ai marre de me battre seule:

on se bat à deux
on souffre à deux
on aime à deux

si je dois me battre pour ton attention
je t'emmerde toi et ton attention.

j'espère que tu trouveras
quelqu'un qui parle
la même langue que toi

comme ça, tu n'auras pas
à passer ta vie
à traduire ton *âme*.

cette nuit-là il m'a dit
je t'aime

après six mois il m'a quittée

m'a fait toucher le ciel avec un doigt
et m'a laissé tomber au sol
sans parachute

j'adorais la façon dont
tes lèvres m'embrassaient

je n'aurais jamais pensé
que ces mêmes lèvres
pourraient me mentir si ouvertement
jusqu'à me briser le cœur.

je t'ai donné mes sourires
je t'ai donné mes mots
je t'ai donné mon temps
je t'ai donné mes lèvres
je t'ai donné mon corps
je t'ai donné mon coeur

tu ne m'as donné que de la souffrance
et tu es parti en me
laissant sans rien

tu as tout pris de moi.

je passais les nuits à rêver
qu'il me remarque
et me désire

maintenant, je passe les nuits éveillée
en essayant de l'*oublier*.

parfois j'ai l'impression de devenir fou
car chaque fois que j'entends cette chanson
que je passe devant ce magasin
ou que je prends cette rue
tu me reviens à l'esprit e
t tu ne t'en vas plus.

tu n'es plus ici avec moi
mais *tu es partout.*

je regrette le contact entre nos yeux
le contact entre nos corps
le contact entre nos cœurs

la façon dont tu m'as fait rire me manque
la façon dont tu m'as fait me sentir protégée me manque
imaginer l'avenir avec toi me manque
un avenir qui n'existe plus

et moi comme un fou
je me demande encore si tu me manques
parfois quand tu es au lit avec elle.

le pire moment a été quand j'ai réalisé que
la distance entre nos corps était petite
mais la distance entre nos cœurs était *infinie.*

de temps en temps
avant de m'endormir
je pense à toi et à notre histoire finie

si j'avais agi différemment
si j'avais dit ce que je voulais dire
on serait toujours ensemble?

je ne pense pas qu'il n'y ait plus rien
au monde qui ressemble
à ce que nous étions

nous étions parfaits ensemble

mais la perfection n'existe pas
et maintenant nous sommes
imparfaits et *seuls.*

il n'y a pas de bons moments
ou de mauvais moments
il n'y a que le choix que vous faites

vous pouvez partir ou rester
vous pouvez dire oui ou non
vous pouvez agir de cœur ou de tête
mais peu importe ce que tu fais
c'est ton choix

il est temps de prendre cette décision
qui vous effraie tellement
mais qui pourrait changer
votre vie pour le mieux

n'ayez pas peur.

tu avais la capacité de me faire sentir parfaite
malgré tous mes défauts
et je sais que ce sentiment
ne me fera plus ressentir ça

pour cela, vous restez *inoubliable.*

on était ensemble
mais tu faisais plus attention
aux autres que moi

alors je t'ai laissé

un matin, tu t'es réveillé
et tu as réalisé que tu avais perdu la lune
en comptant les étoiles

tu m'es revenue belle comme le soleil
mais je t'ai *éclipsée.*

tu dois apprendre
à faire ce qui est le mieux pour toi même
quand ça fait mal tu dois comprendre
que ce que tu tolères dans ta vie
c'est ce que tu obtiens

alors quand quelqu'un te montre
qu'il ne se soucie pas de toi
quand quelqu'un vous manipule
quand quelqu'un vous fait du mal
quand quelqu'un vous fait un mauvais coup
laisse-toi aller

fais-le même si ce n'est pas facile,
même si ça fait mal,
parce qu'il y a un lien et je le comprends,
mais tu dois le faire pour toi.

tu ne peux pas continuer à laisser les gens
te marcher sur le cœur et te faire sentir mal
juste parce qu'ils ne sont pas bien avec eux-mêmes

prends une décision pour toi-même
et va de l'avant sans eux.

le fait que quelqu'un vous manque
après une rupture ne signifie pas
que vous n'auriez pas dû y mettre fin

vous souffrirez
mais vous réaliserez
que c'était nécessaire
pour votre propre bien.

la seule personne
qui mérite une place dans ton coeur
est celle qui ne te fait *jamais*
comme une option.

on pouvait passer des heures
sans rien faire et je m'en fichais
parce que même rien avec toi devenait tout

chaque instant était un don immense.

ujourd'hui, libérez vos émotions
sans crainte d'être jugé
ouvrez votre cœur
aimez à nouveau
après la douleur que vous avez endurée

vis et laisse l'amour te guérir
après tout ce que tu as souffert
tu le mérites.

arrêtez de vous dire que vous n'aimerez plus jamais

arrêtez
calme-toi
respire

il faut être patient,
le cœur met du temps à guérir.

un jour, tu te réveilleras et tu te sentiras différent
tu te sentiras guérie
et ton cœur sera prêt à accueillir
un nouvel amour.

l'univers ne peut que vous donner
ce que vous avez l'espace de contenir
alors peut-être qu'il est temps
de lâcher prise sur certaines choses
dont vous n'avez plus besoin

éclaire ton esprit et ton cœur
libérez-vous de ce qui vous immobilise
laisse aller ce qui te retient
et permettre aux nouvelles opportunités d'arriver

il suffit d'un premier pas, d'un seul

sois courageuse.

vous ne devriez jamais
passer vos jours et vos nuits
à vous demander si vous êtes assez pour quelqu'un

tu as toujours été plus que suffisante
et la bonne personne le saura.

tu as tout fait pour cacher
ton côté sensible
tes émotions
tes faiblesses
tes défauts
et tu n'aurais jamais dû faire ça parce que
c'est justement ce qui m'a fait
tomber amoureuse de toi.

entourez-vous de personnes
qui font ressortir vos meilleures qualités
qui vous font sourire
qui vous incitent à être une meilleure personne
avec qui tu peux être toi-même
sans avoir à ressembler à quelqu'un d'autre
et à t'éloigner de ceux qui font le contraire.

restez avec ceux qui valorisent vos qualités et
éloignez-vous de ceux qui vous gênent

sois toi-même toujours et
accepte tes imperfections
sans crainte

avec le temps, tu perdras quelqu'un mais
ça fait partie du chemin

célébrez vos succès et
apprenez de vos erreurs

ne laisse jamais rien ni personne
t'empêcher de devenir
la meilleure version
de toi-même.

permettez-vous d'être triste
laisse-toi pleurer
laissez-vous être un désastre complet

mais essayez de faire de votre mieux
chaque jour un peu plus
pour essayer d'être heureux.

le passé n'est qu'une ombre lointaine,
une ville morte abandonnée

n'écoute pas son appel mais regarde devant lui,
embrasse demain

choisissez la vie
choisissez l'amour comme guide
et commence à vivre sans peur.

sous ma peau brûle le feu de la solitude
une prison dans laquelle je me sens piégée

cœur
esprit
corps
tous en proie au tourment

je voudrais fuir mais tout effort est vain

les flammes brûlent sans contrôle
les peurs m'entourent

la solitude brûle tout espoir
je disparais lentement en essayant
de protéger *les rêves de mon cœur.*

la solitude est une vipère
qui rampe sous ma peau en empoisonnant
mon cœur et mon esprit

ce reptile aspire chaque goutte
de mon énergie positive
et fait jaillir des larmes amères de mes yeux

je dois m'opposer à ce serpent,
je dois me regarder
et laisser sortir l'envie de vivre
qui est cachée dans mon cœur

je peux encore réagir
je peux encore vivre
je peux encore être heureux.

j'adore la pluie

je sors toujours sans parapluie
et je marche dans les rues de la ville
le vent tresse mes cheveux
et enlève les pensées négatives

la pluie est un masque parfait
je laisse mes larmes se mélanger à elle

les larmes et la pluie se mélangent
créant un lac de tristesse
que personne ne remarquera jamais.

il semble impossible de t'oublier
la dernière fois que j'ai essayé
j'ai rêvé que ton nom
était écrit sur tous les murs de ma maison.

est-ce que tu t'es déjà demandé
ce que ça aurait été
si toi et moi avions résisté
au lieu d'abandonner?

les gens vont essayer de revenir
dans votre vie après avoir été déçus
par les gens qu'ils pensaient
être meilleurs que vous

ont eu leur chance
tu n'es la roue de secours de personne.

parfois les gens ne vous aiment pas vraiment

ils savent que tu es quelqu'un de bien
et détesteraient te voir aimer quelqu'un
d'autre comme tu les aimes

ce n'est pas de l'amour mais de la vanité.

peut-être qu'un jour
je m'excuserai d'avoir cru
à tous vos *mensonges*.

je pensais que notre amour était infini

tu m'as fait me sentir au paradis mais
un jour tu m'as laissée partir
et la douleur que tu m'as fait ressentir
est quelque chose dont je ne sais pas
si je peux guérir

tu m'as brisé le cœur en mille morceaux
et maintenant j'essaie de le reconstruire lentement

mais la blessure est profonde
et saigne encore parce que
je ne trouve pas les morceaux de mon coeur

dans mon âme blessée
l'amour pour toi persiste toujours
malgré tu as brisé mon coeur
en mille morceaux

chaque morceau de mon coeur
continue à t'aimer
et chaque pulsation est douloureuse
augmente le tourment

je lutte pour t'oublier
mais l'affection pour toi est impossible à effacer
et je ressens la douleur
mille fois plus intense.

fille ne perd pas espoir
l'amour authentique trouvera votre chemin et
vous découvrirez que vous n'êtes pas seule parce
qu'une personne viendra vous aimer
pour ce que vous êtes
sans réserve

garde la tête haute pour mériter un amour
qui reflète la beauté de ton *cœur généreux*.

je ne parle jamais de toi à personne
la plupart des gens
ne savent pas que tu existes
et que je t'emmène en prison
parce que ça fait mal
de t'appeler par ton nom.

sois gentille avec toi-même
embrasse tes défauts
et tes imperfections

reconnaissez votre beauté unique
et ne laissez personne la couper.

cette fille triste a changé
elle est revenue à sourire
une lueur nouvelle dans ses yeux
se sent spécial

après tant de douleur
elle a finalement fait un choix radical
elle a décidé de prendre soin d'elle-même
de se donner la priorité

un sourire retrouvé qui la rend merveilleuse
aux yeux des gens et grâce auquel
elle trouvera le *véritable amour.*

ne cherche pas à se venger
de ceux qui t'ont blessé

ne laissez pas les actions des autres
déterminer votre destin

continuez sur votre chemin la tête haute
et laissez votre sourire rayonnant
être votre seule réponse.

votre paix intérieure
est une rivière de sérénité
qui coule doucement
au cœur du printemps

ne laisse pas les insécurités des autres
détruire ton harmonie
choisissez avec soin qui accueillir
dans votre jardin intime.

ce n'est pas toi qui as tort

dans ton cœur, il y a de la lumière et de l'espoir

vous avez simplement rencontré ceux
qui ne pouvaient pas comprendre votre beauté.

ne laissez pas le jugement des autres
déterminer votre vérité

ne permettez pas à ceux
qui ne vous voient pas vraiment
vous fassent douter de votre dignité.

n'écoute pas ceux qui disent
que c'était ta faute, chérie

le problème, ce sont les mauvaises personnes
qui ne peuvent pas saisir ta grandeur

votre lumière est unique et rayonnante

apprends à reconnaître les *âmes* qui
s'accordent avec la tienne,
qui *vibrent* à la même longueur d'onde que toi.

te rencontrer semblait une bénédiction
mais t'aimer a été un voyage en perdition

j'espérais qu'un jour tu changerais,
mais maintenant je réalise que tu n'étais
qu'une erreur à éviter

mon cœur était fasciné par ton essence
mais je devais te prier pour ta présence

je me suis accrochée à un espoir illusoire
pendant que la réalité me révélait son histoire crue

le véritable amour ne peut pas être forcé ou manipulé

l'amour est un flux naturel qui doit être respecté.

j'ai compris que m'aimer moi-même
était un acte révolutionnaire

c'est de trouver la paix et la sérénité
dans mon cœur solitaire.

ce jour de pluie j'étais divisée en deux

l'esprit voulait te dire *de partir*
et le cœur voulait te dire *de rester*

une lutte entre ce qui était juste
et ce que je désirais,
entre la nécessité de lâcher prise
et la peur de l'abandon.

il n'avait plus besoin de toi, c'est clair
ils ont trouvé d'autres chemins
ils ont tourné le dos à ton cœur
et tu restes là à te demander *pourquoi*

mais ne vous laissez pas abattre par la tristesse
car vous allez briller à nouveau
de nouveaux horizons vous attendent là-bas

laisse ces absences passer
comme des nuages qui s'estompent dans le bleu
ton cœur guérira
et tu trouveras qui t'aimera vraiment.

sois forte fille
embrasse l'avenir e
t souris à l'incertitude qui vient
parce que la vie te réserve des surprises
et quelqu'un qui t'aimera toujours.

laisse tout tomber et suis-toi

le chemin du bonheur.

une personne toxique
la reconnaît quand elle
ne veut pas vous laisser partir
mais ne prend pas soin de vous.

n'essayez pas d'entrer
dans un cœur
qui n'a pas de place pour vous

tu ne feras que du mal.

je me demande si tes mots
n'étaient qu'une fiction
si tout ce que nous avons vécu
n'était qu'une *illusion.*

je ne serai plus coincée
dans le piège des *mauvaises relations*
parce que je m'aime assez
pour reconnaître ce que je mérite

mon bonheur vient de l'intérieur
pas d'un amour qui m'a abandonné.

quand je pense à combien
je t'aimais j'ai honte

j'ai honte d'idéaliser une fausse image
d'avoir construit un rêve
qui s'est avéré être une farce

j'ai pitié de moi
parce que j'ai aimé une illusion

quand j'ai découvert ta vraie nature
j'ai ressenti de la pitié pour moi-même
et un creux dans mon cœur

j'ai aimé l'homme que tu ne seras jamais.

comment as-tu pu me faire sentir unique
me faire sentir si heureuse
me faire briller comme ça
et tout détruire en un instant?

je ne peux pas croire
que j'ai pensé que tu pourrais
être l'amour de ma vie

je ne veux pas croire que tu fais ça
avec tout ce que tu vois

tu ne sais pas combien j'ai souffert
combien de temps il m'a fallu pour me retrouver?

mais si je reviens un jour, fais attention
car j'ai une armure impénétrable
faite d'estime de soi maintenant
et un regard que tu ne pourrais pas supporter

je t'enlèverais toutes tes certitudes en une seconde

tu es juste un vaniteux qui joue
avec le cœur des autres
et à chaque fois il est de plus en plus seul

tu me fais pitié.

je suis sûre qu'elle ne t'aimera
jamais autant que je t'aime

mon cœur était à toi

et quand un jour tu comprendras ça
ce sera trop tard

ma route continue sans toi
sans regrets

la décision a été prise
et il n'y a pas de place pour revenir en arrière.

tous à rechercher
la perfection esthétique

combien sont restés
à chercher l'*âme*?

je t'ai tout donné
en échange de rien

de ce rien que tu m'as donné je le *chéris*
parce que ça m'aidera à comprendre
que les gens comme toi doivent être évités.

quelle peur de te perdre dès le premier instant
la peur constante de ne pas être assez
de te voir partir
de te perdre

et maintenant que tu n'es plus là
je ressens la douleur
un vide que tu as laissé dans mon cœur

les larmes qui coulent silencieusement
sur mon visage et
le sentiment d'avoir perdu pour toujours
une partie de moi

tu seras toujours une partie de moi.

combien de fois ai-je retracé nos moments
comme un film projeté dans mon esprit
les émotions vives et les frissons intenses
comme s'ils étaient encore là

je ne peux pas t'oublier.

on a rompu et je n'arrive toujours pas à croire
au plus profond de mon cœur
une douleur que je n'avais pas prévue

tu diras que c'était ma faute
parce que je suis partie
mais nous connaissons la vérité
nous savons tous les deux les raisons
qui nous ont amenés ici

c'est fini parce que tu ne voulais
pas te battre pour nous
alors que j'ai tout donné
pour préserver notre histoire

e me suis battu pour
chaque instant de bonheur
pendant que tu as décidé d'abandonner
et de me laisser partir.

je t'aime et je te déteste en même temps
nous nous sommes consumés l'un l'autre
d'abord l'extase de l'amour
puis le tourment de l'abandon

j'en ai marre de tout ça
mais en même temps
je ne peux pas m'en empêcher

et nous revenons à nous faire du bien
et puis du mal
dans un tourbillon d'émotions
sans fin.

l'odeur de la cigarette
me rappelle que tu es parti

je le sentais sur tes vêtements
quand tu m'enlaçais

j'ai commencé à fumer
pour que je puisse te sentir encore
dans mes poumons.

comment pouvons-nous tourner le dos
ignorer tout ce que nous avons été
les promesses faites
les rêves partagés?

comment peut-on être si loin?

tout ce que tu m'as fait c'est de la douleur
et après des mois tu me dis que tu es désolé
mais je ne te crois plus

regarde ce que tu m'as fait
une fille qui ne sent plus rien

tu as peut-être changé mais
tu as attendu trop longtemps
et pendant que tu n'étais pas là
j'ai souffert et tu as regardé

il est trop tard pour me sauver.

tes yeux ne mentent pas
ils révèlent le désir et la passion

peu importe combien vous essayez de nier
c'est dans vos yeux que je trouve la vérité

mets ta fierté de côté
on voit bien que tu m'aimes encore.

un an plus tard
je me demande encore
comment il est possible qu'un amour
aussi fort que le nôtre
qui nous a unis jusqu'à ce que
nous devenions une seule chose
puisse finir si soudainement

nous étions amants
maintenant nous sommes des étrangers
avec un passé commun.

dans la nuit ton souvenir
revient me rendre visite
et me hante dans la solitude de ma chambre

j'avais tout en toi
le cœur plein d'émotions sincères
mais maintenant le vide me saisit fort
et je me demande comment faire
pour t'effacer de ma vie.

le ciel se fiche
de ce que mon cœur veut

les étoiles ne peuvent
pas entendre mes cris désespérés

la lune ignore
que je suis seule

il est parti pour toujours.

j'ai essayé de t'oublier,
j'ai parcouru des milliers de kilomètres
pour m'éloigner de toi
mais chaque route m'a ramené à ta porte

tu m'aimes encore?

si je pouvais
remonter le temps
je changerais tout
ce qui t'a éloigné de moi

je ne peux pas annuler le jour où tu es parti.

dans les nuits solitaires
au bord de la mer
j'attends le lever du soleil
la lueur de l'espérance

les souvenirs envahissent mon esprit
et je souhaite que les étoiles
s'alignent pour nous
encore une fois

et si jamais nous nous retrouvons
ce sera un *miracle.*

tu as juré que tu deviendrais meilleur
tu as dit que tu ne me blesserais pas
tu as promis que tu ne pourrais jamais aimer
quelqu'un d'autre

tu as menti.

j'ai lu ta lettre hier matin près du lac
il a dit que tu reviendrais
et j'ai pleuré

j'ai pleuré parce que je sais
que ça n'arrivera jamais

tu ne reviendras jamais.

si on ne peut pas être ensemble
alors quel est le sens de la vie?

malgré tout le mal que tu m'as fait
je te remercie de m'avoir fait comprendre que:

je mérite quelqu'un qui me respecte assez
pour ne jamais mentir à mon cœur

je mérite quelqu'un qui n'abuse
jamais de ma confiance

je mérite quelqu'un qui reste même
quand tout le monde sera parti

je mérite quelqu'un qui veut être là
quand les choses sont difficiles et compliquées

je mérite quelqu'un qui me choisira même
si ce n'est pas le choix le plus facile

je mérite quelqu'un qui préfère ne rien faire avec moi
plutôt que n'importe quoi au monde
avec quelqu'un d'autre

je mérite quelqu'un de meilleur que toi.

personne ne connaît les cicatrices cachées
les batailles internes
les larmes versées
la violence que tu as endurée pour devenir si *gentille*

tu as choisi le *pardon*
et transformé la douleur en *cadeau.*

il y a ceux qui vous choisissent
parce qu'ils n'ont rien d'autre
et ceux qui vous choisissent
parce qu'ils ne veulent rien d'autre

détails qui font la différence.

l'espoir d'un temps de te rencontrer partout
s'est transformé maintenant
dans le désir de ne plus croiser
ton regard.

les gens vont et viennent
tout a un début et une fin
et je ne pense pas que mon cœur
s'habituera à ça.

j'aimais le fait que tu étais sacrément bon
dans tout ce que tu faisais
la façon dont tu me faisais rire
la façon dont tu m'embrassais
la façon dont tu faisais l'amour

et quand tu m'as brisé le cœur
tu n'as pas fait exception.

ton problème est que tu t'es habituée
à être triste avec lui et que tu n'es plus capable
d'envisager une autre solution.

l'amour est
respect
gentillesse
sécurité
proximité

l'amour n'est pas
~~suspect~~
~~inconfort~~
~~peur~~
~~distance~~

ton problème est que tu es avec quelqu'un qui
ne te considère même pas
juste parce que tu as peur d'être seule

souviens-toi que ce n'est pas parce que tu es habituée à
une situation que tu dois l'accepter

réagissez et acceptez ce qui ne vous fait pas du bien et
voyez comment vous allez renaître

permets-toi de briller et d'être vraiment heureuse.

vous vous souciez toujours
de ne blesser personne
et ne vous souciez jamais
de ce qui pourrait vous blesser

pourquoi ne commences-tu pas à t'aimer?

il n'y a rien de pire que celui
qui ne veut pas t'aimer
mais ne veut pas non plus te perdre
parce qu'il est *prisonnier de la vanité*

se nourrit de ton adoration
ce n'est pas de l'amour mais seulement le désir
d'être au centre de l'attention
de nourrir son ego

ne pas se laisser manipuler
déconnecté de ce lien toxique
et n'ouvrez votre cœur qu'aux personnes
qui vous traitent avec gentillesse
sincérité et respect.

je sais que tu traverses une période difficile
je sais que tu souffres
je sais que te lever le matin est dur
je sais que tu as du mal à t'endormir le soir
je sais qu'il te manque plus que tout

et même si tu as honte
laisse-moi te dire que
tu devrais être fière de toi
pour avoir tenu bon
pendant cette période sombre

sois fière de toi
tu es admirable

âme forte.

le jour le plus important de votre vie
sera le jour où vous déciderez
que vous êtes assez pour vous-même

ce sera le jour où tu te sentiras enfin libre
où tu ne chercheras plus la confirmation des autres
et où tu te rendras compte que ta valeur est innée

tu voleras haut
libérée des attentes du passé
dansant au rythme de ton cœur
sans peur

célébrez ce jour fille parce que
c'est le jour où vous allez naître
pour la deuxième fois.

parfois je me sens comme une fleur
sans son soleil bien-aimé

je reste immobile comme si les racines
m'empêchaient de bouger
et que le froid hivernal gèle
mes pétales et mes feuilles

et la seule chose que je peux faire
est d'espérer qu'un nouveau rayon de soleil
fasse fondre le gel dans mon cœur
et réveille ma vitalité

je m'épanouirai à nouveau
c'est certain.

effrace
bloque
arrête de suivre
quiconque vole ta paix
ton bonheur
ton amour
ta sérénité

et pas seulement des réseaux sociaux
mais aussi et surtout de la vraie vie

vous n'avez pas besoin de gens
qui ne vous respectent
pas et n'apprécient pas votre valeur

allégez votre vie et prenez votre envol.

on dit que tu appartiens

à la personne à qui tu penses avant de t'endormir

à la personne à qui tu penses
quand tu es occupée à faire mille choses
et que tu te distrais

à la personne à qui vous pensez
quand vous ne faites rien du tout

je veux que tu appartiennes
d'abord et avant tout
à toi-même.

tu étais la première personne
à qui je parlais le matin
et la dernière personne
à qui je parlais le soir

la seule certitude
dans une vie où rien n'est certain

maintenant que tu n'es plus là
dis-moi comment je vais m'endormir
en sachant que je ne te trouverai plus
ici depuis le matin?

j'avoue que je l'aime toujours malgré tout
et ça m'énerve parce que
vu la façon dont il m'a traitée
je ne devrais ressentir que de la haine envers lui
mais je n'y arrive pas

comment puis-je aimer quelqu'un d'autre
quand je rêve de lui chaque nuit?

fais quelque chose pour toi

chaque matin
quand tu te regardes dans le miroir
tu souris même si tu te sens triste
et tu te dis
tu es belle
même si tu te vois laide

à la fin de la journée
avant de t'endormir dis-toi
je t'aime
tu as fait de ton mieux
et même si tu n'as pas pu faire ce que tu voulais
je t'aime quand même

jour après jour tu te sentiras mieux.

vis pour toi
pas pour les autres
cherche le bonheur
et répands l'amour

prenez votre temps
ralentissez le rythme
et découvrez la beauté qui vous entoure

sentez le vent caresser vos cheveux
et laissez votre esprit se nourrir
de petites merveilles.

Printed in France by Amazon
Brétigny-sur-Orge, FR

17244319R00060